AUG 1 5 2019

mi mini biografía

Davy Crockett

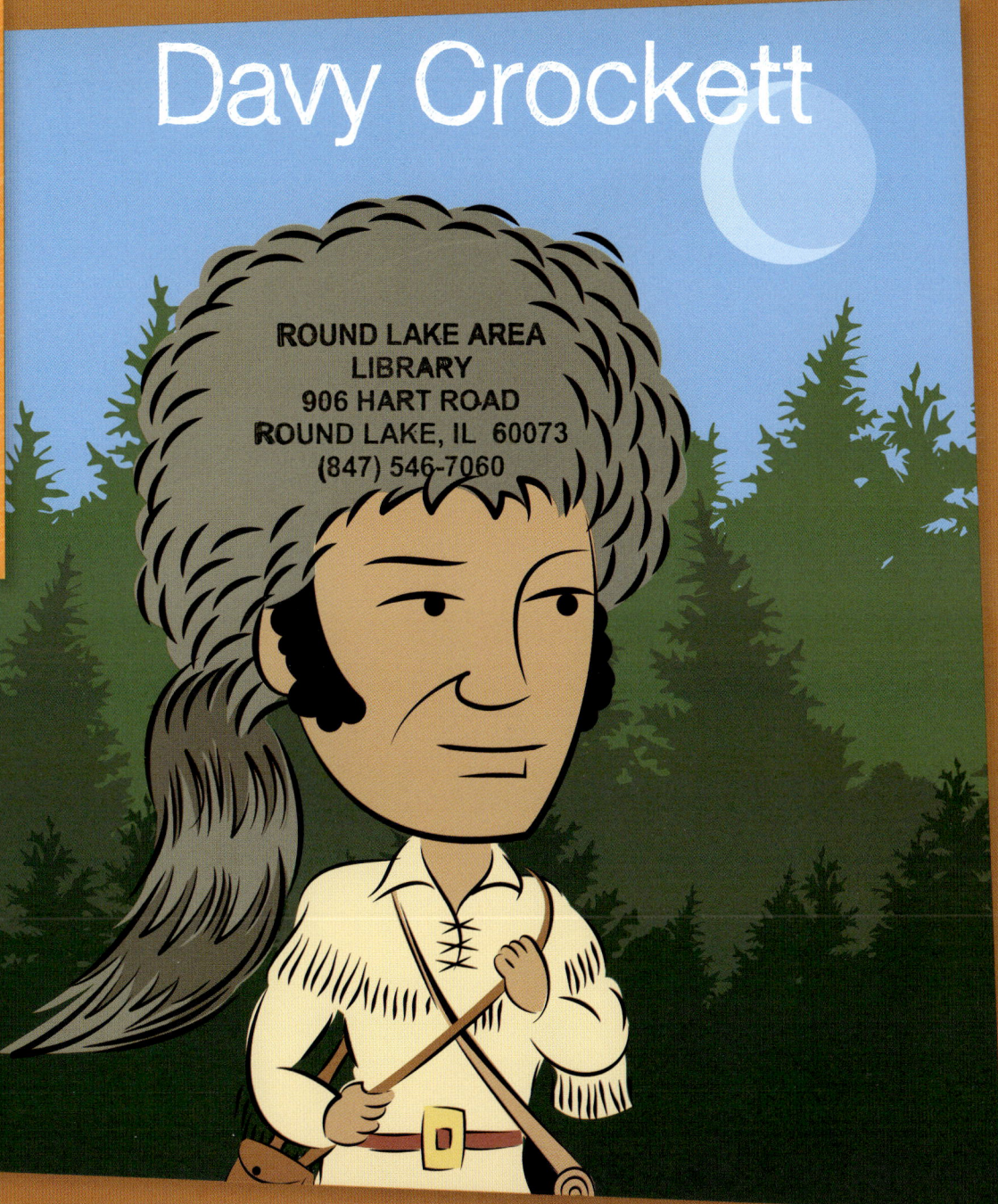

Publicado en los Estados Unidos de América por Cherry Lake Publishing
Ann Arbor, Michigan
www.cherrylakepublishing.com

Asesor de contenidos: Ryan Emery Hughes, estudiante de doctorado, Facultad de Educación,
University of Michigan
Asesora de lecturas: Marla Conn MS, Ed., Especialista en alfabetización, Read-Ability, Inc.
Diseño de libro: Jennifer Wahi
Ilustrador: Jeff Bane

Créditos fotográficos: © Melinda Fawver/Shutterstock, 5; © North Wind Picture Archives / Alamy Stock Photo, 7; © Anthony Heflin/Shutterstock, 9, 22; © Don Smetzer / Alamy Stock Photo, 11; © Kent Weakley/Shutterstock, 13; © Niday Picture Library / Alamy Stock Photo, 15, 23; © Fotosearch / Stringer/Getty, 17; © Everett Historical/Shutterstock, 19; © C. Stuart/Library of Congress, 21; Cubierta, 6, 12, 18, Jeff Bane; Varias imágenes, Shutterstock Images

Copyright ©2019 by Cherry Lake Publishing
Todos los derechos reservados. Ninguna porción de este libro se puede reproducir ni utilizar de modo alguno ni en ningún medio sin autorización por escrito de la editorial.

Library of Congress Cataloging-in-Publication Data has been filed and is available at catalog.loc.gov

Impreso en los Estados Unidos de América
Corporate Graphics

Índice de contenidos

Mi historia 4

Línea de tiempo 22

Glosario 24

Índice 24

Acerca de la autora: Emma E. Haldy era bibliotecaria y proviene de Michigan. Vive con su marido, Joe, y una colección cada vez mayor de libros.

Acerca del ilustrador: Jeff Bane y sus dos socios comerciales tienen un estudio junto al Río Americano en Folsom, California, donde tuvo lugar la Fiebre del Oro de 1849. Cuando Jeff no está haciendo bocetos o ilustraciones para clientes, está nadando o haciendo kayak en el río para relajarse.

mi historia

Nací en 1786. Viví en Tennessee.

Tuve ocho hermanos y hermanas.

Me gustaba estar al aire libre. Me gustaba cazar. No me gustaba estudiar.

Escapé de casa cuando tenía 13 años.

Trabajé. Exploré la **frontera** de los Estados Unidos de América.

¿Qué parte del mundo te gustaría explorar? ¿Por qué

Volví a casa para ayudar a mi padre.

Me casé. Tuve seis hijos.

Me uní a la **milicia** en Tennessee. Serví en ella por dos años.

Demostré que era un líder fuerte.

Decidí hacerme **político**. Me gustaba servir a mi comunidad.

Me encantaba contar historias. Fui famoso por mis discursos.

¿Te gusta contar historias?
¿Por qué sí o por qué no?

Intenté hacer lo que creía que estaba bien. No todos estuvieron de acuerdo conmigo.

Perdí algunas **elecciones**. Estaba cansado de la política. Decidí probar algo nuevo.

Quise mudarme a Texas. Era parte de México.

La gente de Texas quería libertad. Había comenzado una guerra.

Me uní a su lucha. Morí en la Batalla del Álamo.

Fui un hombre aventurero.
Tuve una vida emocionante. ¡Me encantaba la frontera!

¿Qué te gustaría preguntarme?

línea de tiempo

1799

1780

Nació en 1786

—1821—

1880

Murió en 1836

glosario

elecciones (e-lec-CIO-nes) sistema para elegir líderes votando

frontera (fron-TE-ra) el borde de un país

milicia (mi-LI-cia) un grupo de gente entrenada luchar, pero que no son soldados del ejército

político (po-LÍ-ti-co) una persona elegida para participar en el gobierno

índice

Batalla del Álamo, 20
familia, 4, 10
milicia, 12
nacimiento, 4
niñez, 6, 8
Texas, 18